Rés. g. (2.7

Correspond à l'éd. IV a : Rés. Xylo. 23
Certaines pl. comportent des cassures
suppl. par rapport à Xylo.23 et
sont peut-être reproduites d'un
autre ex. ; reprod. partielle aussi
retouchées ; les 8 dernières pl.
primitives sont reproduites en désordre,
des 2 pl. suppl. seule la 1re a été
reproduite

MONUMENTS DE LA XYLOGRAPHIE

IV

ARS MORIENDI

REPRODUIT EN FAC-SIMILÉ

SUR L'EXEMPLAIRE DE LA BIBLIOTHÈQUE NATIONALE

PAR

ADAM PILINSKI

MEMBRE CORRESPONDANT DE L'ACADÉMIE DE CLERMONT-FERRAND

PRÉCÉDÉE D'UNE NOTICE PAR GUSTAVE PAWLOWSKI

OFFICIER DE L'INSTRUCTION PUBLIQUE

LAURÉAT DE L'INSTITUT, CONSERVATEUR DE LA BIBLIOTHÈQUE FIRMIN-DIDOT

PARIS

CHEZ ADAM PILINSKI ET FILS, ÉDITEURS

4, PLACE DE LA SORBONNE, 4

1883

AVANT-PROPOS

———

Les œuvres xylographiques constituent des documents de la plus haute importance pour l'histoire de la gravure et pour celle des origines de l'invention qui honore le plus l'esprit humain : l'imprimerie.

Ces précieux monuments sont tous d'une rareté extrême. Les uns ne sont connus qu'à l'état d'exemplaires uniques; les autres, dont peu d'exemplaires seulement ont échappé à la destruction, sont immobilisés de plus en plus, de sorte que lorsque, à de longs intervalles, il en paraît en vente, ils atteignent des prix fort élevés. Pour cette raison, il n'y a qu'un certain nombre de grandes bibliothèques publiques ou quelques collections particulières privilégiées qui en possèdent; aucune ne peut se flatter d'avoir réuni non seulement la totalité des xylographies connues, mais même toutes les éditions de l'une des œuvres importantes. De là vient que les nombreux problèmes qui s'y rattachent, et dont l'examen a été abordé depuis plus d'un siècle par toute une phalange d'iconographes, ont donné lieu à de longues controverses, sans qu'on soit arrivé, sur beaucoup de points, à leur donner une solution sinon inattaquable du moins appuyée sur des bases assez solides. Personne, en effet, ne s'est encore trouvé en mesure de soumettre à une enquête approfondie toutes les éditions existantes d'une même xylographie, au moyen d'une comparaison simultanée, et il ne faut guère songer à arriver à ce résultat autrement que par la voie de reproductions aussi parfaites que possible.

Contribuer, d'un côté, à réaliser un jour ce vaste programme et permettre, de l'autre, aux bibliothèques publiques ou privées et aux personnes qui se livrent à ce genre d'études, de se procurer, pour un prix relativement modique, des copies pouvant, au point de vue de la science, tenir lieu des originaux; tels sont les mobiles qui nous ont poussé à entreprendre cette lourde tâche. Nous y avons été, du reste, vivement encouragé par feu M. Ambroise Firmin-Didot, dont la mort trop prématurée pour les études iconographiques et typographiques ne nous a pas permis de donner à notre œuvre une suite plus rapide et un développement plus désirable.

Jusqu'à ce moment, il n'y a que quatre des xylographies réellement importantes qui aient été reproduites en entier : une édition de l'*Ars moriendi* (par la photographie, à Leipzig), une de la *Bible des pauvres*, une du *Cantique des Cantiques* et une du *Speculum humanæ salvationis* (ces trois dernières par la lithographie, à Londres). De plusieurs autres xylographies il n'a été fait que des fac-similés de quelques pages, pour des ouvrages spéciaux. Toutes ces reproductions n'offrent qu'une image imparfaite des originaux, en raison des procédés auxquels on a eu recours. Celles exécutées au moyen de la photographie les ont rendus brutalement, avec toutes les dégradations fortuites des modèles; celles dues à la lithographie manquent souvent de fidélité. Si les unes et les autres reproduisent, plus ou moins bien, les sujets des originaux, elles n'en rendent pas le caractère essentiel et pour ainsi dire l'âme, qui gît dans le relief et le creux provenant du foulage des planches de bois, et qui disparaît à leur défaut. Rien n'y annonce la reproduction d'une xylographie plutôt que celle d'un dessin ou d'une peinture : tout y est plat et sans vie. C'est que l'absence dés effets produits par le foulage change tout à fait l'aspect de ces pages gravées. Or, un fac-similé vraiment méritoire ne doit pas se borner à reproduire exactement les traits des images et du texte du modèle, mais il doit s'en rapprocher sous tous les rapports, au point de supprimer toute différence entre l'original et la copie, et jusqu'à faire illusion. C'est ce résultat que nous croyons avoir atteint, du moins dans une large mesure.

Nous avons entièrement achevé la reproduction de dix xylographies différentes. Notre intention est non seulement de reproduire toutes celles qui offrent un intérêt réel, mais aussi, sinon toutes les éditions d'une même œuvre, du moins celles qui offrent des types distincts, si toutefois notre publication trouve, comme nous l'espérons, un accueil favorable.

La majeure partie de ces reproductions a été faite sur les exemplaires conservés à la Bibliothèque nationale, et nous sommes heureux de pouvoir témoigner ici notre vive gratitude à M. L. Delisle, l'éminent administrateur général de cette bibliothèque, ainsi qu'à M. O. Thierry-Poux, directeur du département des imprimés, pour leurs précieux encouragements et les facilités qu'ils ont bien voulu nous accorder dans l'accomplissement de notre tâche.

TYPOGRAPHIE DE PILLET ET DUMOULIN
RUE DES GRANDS-AUGUSTINS, 5, A PARIS

MONUMENTS DE LA XYLOGRAPHIE

IV

ARS MORIENDI

Quamuis secundum philosophū Tercio ethicorum omnium terribiliū mors corporis sit terribilissima morti tamē aīe nullatenus est cōparanda Teste Augustino qui ait Maius est dāpnū in amissione vnius aīe quā mille corporū Teste etiā Bernardo qui dicit totus iste mūdus ad unius aīe precium estimari nō potest mors ergo aīe tāto est horribilior atqz detestabilior qūto aīa corpore est nobilior atqz preciosior Cū ergo aīa tāle preciositatis existat et dyabolus pro morte ipius eterna hominem in extrema infirmitate maximis teptacōibus infestet Ideo sūme necessariū est ut hō aīe sue prouideat ne morte illa perdatur Ad qd maxie expediēs est ut quilibz arte bn moriēdi de qua est pns intecio frequter p oculis habeat atqz extrema infirmitate mēte sua reuoluat Qiua ut ait Gregorius Valde se solicitat in bonis operibus qui semper cogitat de extremo fine Nam si futurū malū pre conside retur facilius tollerari potest Iuxta illud futura si pstatur leuius tollerātur Sed rarissime aliquis se ad morte disponit tempestiue eo qp quilibet diucius se uicturū existimet nequaqp credes se tā cito moriturū qd in sūcū dyaboli fieri certū est Nampluures per talē spem manem se ipos neglexerūt indispositi morientes Et ergo nullatenus infirmo detur spes nimia corpalis sanitatis cōsequende Nā secundū cancellarium parisiensem sepe per talē falsam cōsolacoz et ficta sanitatis cōfidēciam certm incurrit hō dāpnatioz an oīa ergo inducitur moriturus adea que necessario ad salute reqrūt primo ut credat sicut bonus

xpian̄ ꝯcredere debet letus quaꝗ ꝗ ĩ fide xp̄i et ecclesie morie
unitate et obediēcia Scd̄o ut recognoscat se deū graui=
ter offendisse et inde doleat Terc̄io ut ꝓponat se ueracit̄
emēdare si supuixerit et nūꝗ ampli⁹ peccare Quarto
ut indulgeat sŭis offensoribus ꝓpter deū et remitti
petat ab hys quos ip̄e offendit Q̄nto ut ablata resti
tuat Sexto ut cognoscat p̄se mortuū et ꝗ aliter sal=
uari nō p̄t nisi ꝑ meritū passiōis xp̄i de quo agat deo
gr̄as in q̄ntū ualet Ad que si bono corde respōderit siḡ
est ꝗ sit de numʳo saluandoꝛ De inde studiose ĩ duca=
tur ad debitū vsum sacrametoꝛ ecclesie P̄mo ut puerā
cōtriciōꝗ i tegrā faciat ꝯfessioꝛ alia eꝱ ecc̄ie sacramᵗa
deuote recipiendo Quisꝗ̄s uero de p̄missis ab alio iterro=
gaᵗ et iformaᵗ⁹ nō siiit se ip̄m iterroꝗꝗ cōsidando si sit
dispositᵘ⁹ ut ꝓfertur Qui aūtē sic dispotto ē se totū passiōi
ꝯmittat cōtinue eā retinuādo atꝗ̄ meditūdo· Nam ꝑ
hoc oēs teptaciōes dyaboli et ĩfide maxic supantur
Vnde notādū ꝗ morituri grauiores habent teptuaꝛꝗ
ꝗ̄ unquā p̄ius habuerūt Et siit q̄nꝗ̄ ut postea pateb̄ᵗ
cōtra quas angel⁹ sugerit eis quinꝗ̄ bonas i spꝛaci
ones Sed ut oib⁹ ista materia sit fructuⁱosa et nŭllus ab
ip̄⁹ speculaciōe secludatur sed inde moʳi salubriᵗ dysꝯuᵗ
tam lustris tūtū hr̄ato deseruietib⁹ ꝗ̄ ymagimib⁹ lacⁱo
et hr̄ato sŭl deseruietib⁹ auctoꝛū oculis obicitur Que
duo se mutuo correspodentes habet se tuꝗ̄ speculum
inquo ꝑterita et sutuʳa tuꝗ̄ p̄ñtia speculantur
Qui ergo bn̄ moʳi uelit ĩsta cum seꝗntibus diligen
ter cōsideret

Rquo fides est tocius salutis fundametu̅ et sine ea nulli o̅ino potest esse salus teste Augustino qui ait fides est bonoru̅ o̅im fundametu̅ et huma̅ salutis iniciu̅ Et b̅nardo dice̅te fides est humane salutis initiu̅ sine ac nemo ad filioꝝ dei numeru̅ potest ꝑtinere sine hac o̅is labor hominis est uacu̅us Ideo dyabolus tocius hu̅ano generis inimicus totis uirib̕ hominem in extrema infirmitate ab illa totaliter auertere nititur vel salte̅ ad deuiandu̅ in ea ip̅m inducere laborat dicens tu miser in magno stas errore no̅ est sicut credis ut sicut p̅dicat Infernus fractus e̅ quitquid ho̅ agit licet aliquẽ ul se ip̅m occidat cu̅ indiscreta ꝑmia sicut aliqui feceru̅t vel ydola adorat ut reges paganoꝝ et plures pagani facerunt no̅re̅ in sine̅ idem est quia nullus reuertitur dicens tibi ueritate̅ et sic fides tua michil est Hys et similibus dyabolus maxie̅ laborat ut ho̅iez in extremis agentem a fide auertat quia b̅n sc̅it Si fundametu̅ ruat o̅ia super edificata ruent

Secundum tamen q̅ dyabolus in nulla te̅ptacione homine̅ cogere potest nec ecia̅ aliquo modo p̅ualere ut sibi co̅senciat q̅ diu usum racionis habuerit nisi sponte uoluerit ei co̅sentire quod certe super o̅ia caue̅dum est Vn̅ apostolus fidelis deus qui no̅ patitur uos te̅ptari sup id q̅d potestis sed faciet cu̅ te̅tacione prouentum ut possitis sustinere ⸿

ontra pūma tepta tioꝛ dyaboli dat angelus bonā in=
ſpiraciōeꝫ dicens O bo ne credas peſtiſſeris ſugeſti=
omibꝰ dyaboli cū ipe ſit mēdax ꞇ Nam mēciendo pro
tho parētes decepit nec aliquo mō ꞇ ſide dubites litꝫ ſeſu
uī intellectu ꝓphendē nō ualeas qꝛ ſi ꝓphendeꝛe poſſes
nullaten⁹ eſſet meritoria ꝑuxta illud Gregorij ſides nō
habꝫ meꝛitū cui hūana ꝛaͦ ꝓbet experimētū Sed memē=
to uerba ſtoꝛ prium ſalicet ſti pauli ad hebreos xi di
cente Sine fide ꝑpoſſibile eſt placere deo Et iohis tercio
Qui nō credit iā iudicatus eſt Et bernardi dicentis
fides ē pꝛnogēta īter ūutes Et iteꝛū Beacioꝛ ſuit ma=
ria percipiēdo fide xpi quā carne xpi Conſidera etiam
fidem antiquoꝛū fideliū Abrahin yſack et Iacob et quo
rūdā gētiliū ſalicet Ioab ꝛaab meꝛtricis et ſimiliū
ſimiliter ſide apoſtoloꝛ nec nō ī mutabiliū maꝛtirum
cōſeſſoꝛū atꝫ uirginū ꞇ Nam ꝑ fidem ōꝭ antiꝗ et moder=
ni placueꝛūt Per fide ſtꝭ petrus ſuper aꝗs ambulauit
Stūs Iohēs uenenū ſibi ꝓpinatū ſ̄ nō aꝛmeto bibit mon
tes caſpy orante alexādio ꝑ ſide adunati ſūt Et ideo fides
a deo meꝛito bn̄dicta ꝓpteꝛea uiriliter debes reſiſteꝛe dꝛblo
et firmit̄ creder̄e ōa mādata ecc̄lie qꝛ ſtā ecc̄lia errare nō
ꝓt cū a ſp̄u ſto regatuꝛ ꞇ Nota qꝫ qͦ iſirm⁹ ſentit ſe tēpta
ri ꝛtra ſide cogitꝫ pͦmo qꝫ neceſſaia ē fides qꝛ ſine ea null⁹
ſaluari ꝓt Scꝺ̄ cogitet qꝫ utilis ē qꝛ ōa ꝓt dicēte dn̄o ōa
poſſibilia ſūt credēti Et iteꝛū Qꝛ cū qꝫ oꝛātes peꝛieꝛ iteꝛ credite
qꝛ accipiete Et ſic iſirm⁹ ſacilit̄ dei gꝛa dyablo reſiſtet Cꝛ̄e
etiā bonū ē ut ſȳmbolū fidei cū agonizāte alta uoce dicat
pluriesꝫ repetat ut ꝑ hoc iſirm⁹ ad ſidei ꝛſtācia āmet et
demones qui illud audꝛe abhoꝛꝛet abigātur

Fornicatus es
Periurus es
Excõicatus
Auare vixisti
Occidisti

¶ Temptacio dyaboli de desperacoe
Secundo dyabolus teptat hoiez infirmu p desperacoez q
est cotra spem atqz confidecoez qp ho debet habere in
deu Cu eim infirmus doloribus cruciatur i corpore
tuc dyabolus dolore dolori sup addit obiciedo sibi
peccata sua pserti no cofessa ut eu i desperacoez inducat di
cens tu miser uide pctu tua que tata siit ut nuqp ueia ac
quire possis ita ut dicere possis cu caym Maior e iniqtas me
a qp ut ueniam merear Ecce quonio dei precepta tgressus
es nam deum sup oia no dilexisti h oibus miuriam tulisti
et tu bn scis qp nullus potest saluari nisi seruauit man
data dei qr dns dicit Si uita igredi serua madata Sz
sup be auare luxuriose gulose fraciide Inuide accidiose
uixisti attame pdicari audisti qp ppter unu peccatu mor
tale ho pt dapnari Insup septe opa mie no iplesti que
em dns pdicue migret m extremo die ut ipe met testat
dicens hys q asiniteis siit ite in igne eternu Nam esuri
uiet no dedisti m manducare Sitiui et no dedistu michi
potu e Et io iacobus dicit Iudiciu sine miia erit illi qui
sine miia fuit sup terra Vides ecia qp plure nocte et die
ilege dei uigilantissime laborates qui tame nullatenus
de salute sua psumere audet qr nullus scit an odio uel a
more dignus est et ergo nulla spes salutis tibi reliqua
Per ista et similia inducit hoiez in desperacoez que su
p oia mala est uitanda cu mqz offendat dei que sola
nos saluat Testie ppheta Misericordie dni qr no co sum
ti sumus Et augustinus dicit Unus quisqp positus i pec
cato si de uenia uera desperauerit misericordia fudit 9
perdit michil eim sic deu offendit qp desperacio

Bona inspiracio Angeli contra desperacionem secundum teptacionem diaboli dat angelus bonam
inspiracioem dicens o homo quare desperas licet ein tot
latrunia furta et homicidia perpetrasses quot sunt
maris gutte et arene etiam si solus tocius mundi pcta commisis-
ses etiam si de eisdem nunquam prius penitenciam egisses nec ea confessus
fuisses nec etiam mo ad confitendum ea facultatem haberes nichil
omnin9 desperare non debes qr tali causa sufficit sola contricio
interior Teste psalm° Cor contritum et humiliatum de9 non despi-
cies Et ezechiel ait Quacumque hora peccator ingemuerit sal-
uus erit Vn bernard9 ait Maior e dei pietas qp quis
iniqtas Et Augustin9 plus pt de9 mifereri qp ho peccare
Incausu etiam quo tibi constaret qp de numero dampnandor
esses nequaquam adhuc desperare debes eo qp desperacio-
nichil agitur nisi qp per eam pijssimus deus multo magis offenditur et alia pcta fortius aggrauatur penaqz
eterna usqz in infinitum augmetatur Xps etiam peccato-
rib9 cruarfixeus e et non p iustus ut ipse met testatur dices
Non veni vocare iustos sed peccatores Exemplum habeas
in petro xpm negate paulo ecclam persequente matheo
et zacheo publicanis Maria magdalena peccatrice
in muliere deprehensa in adulterio In latrone iuxta xpm
in cruce pedente maria egypciaca zc
Nota qp cito infirmus sentit se teptari p desperacio-
cogitet qp ipa e peior et dampnabilior oib9 pctis et qp
nunquam debet admitti propter quecumqz etiam pctam z tam ut
dicit augustin9 Plus peccauit Judas de sperando qp
Judei crucifigedo xpm Secdo cogitet qp utilis et necessa-
ria e spes qr secundum crisostom° est salutis nre anchora
vite nre fundamentum dux itineris quo itur ad celum
Et deo nunqp e relinqueda propter etiam quecumqz peccata

Temptacio dyaboli de impaciencia

Ergo dyabolus teptat homine infirmu p impacie
cia que oritur ex magna ifirmitate dices cur tu
pateris istu dolore grauissimu qui est itollerabi
lis omi creature et tibi precipe iutilis nec etia tuis
exigetibus de meritis dolor tatus iure deberet causar Na
scriptu e inpenis benignior i teptaco facieda Etia qd mul
tu grauat nullus t compatitur qd cotra cer racione he
ri nemo dubitat licet aute amita ore copaciatur tame
maxie propter bona rerum qda tua morte mete desiderat
aia quida corpe exuta vix p vnius die spaciu pro omi substa
cia relicta corpus tuu hospitari voluit istis et similibus ad i
paciencia que est cotra caritate qua tenemur deu diligere
sup oia nititur dyabolus hoiez inducere ut sic merita sua
perdat Nota qp morituris maximus dolor corporis ac
cidit hys papue qui no morte naturali que raro est
esicut docet experiecia maisfesta sed frequnter ex accide
tibus puta febre ul apostemate ul alia infirmitate
graui ul afflictiua at qp longa dissoluuntur que qdem
infirmitus plerisqp et precipue ad morte i dispositos
et iuste morietes adeo reddit i pacietes atqp murmu
rates ut plerumqp ex nimio dolor in impacieca ameses
atqp insensati uideantur siut sepe visum est i multis
Ex quo vere cstat qp tales utiqp i uera caritate deficiat caritatis
te teste Iheronimo qui ait Siquis cu dolore egtudiez
ul morte patitur seu accipit signu est qp sufficienter
deu no diligit Et paulus ait Caritas paciens est
benigna est

Bona inspiracio angeli de paciencia

Contra terciam temptacionem dyaboli dat angel bonam inspi=
racionem dices o homo auerte ab impaciecia animum tuum per quam
dyabolus suis mortiferis insugacionibus michil aliud q̆
anime tue detrimentu querit nam per impaciencia et murmur anima per=
ditur sicut per pacienciam possidetur Teste Gregorio qui ait reg=
num celorum nullus murmurans accipit Te igitur infirmitatis
que respectu meritorum tuorum leuis est non tedeat cum ipsa ante mor=
tem sit quasi quoddam purgatorium cum tolleratur ut oportet vide=
licet et pacienter et libenter cum gratitudine quia non solum gratitudine op̆
et in hys que sunt ad consolacionem sed eciam que sunt ad afflictionez quia
ut gregorius ait Misericordie deus temporale adhibet felicitate
ne eterna inserat ulcionem Et augustinus domine hic ure et seca ut
in eternum mihi parcas Nulle ergo tribulaciones te perturbet quia xpm nolle
te relinquere ondit iuxta illud Augustini Mala que nos hic puni=
unt ad deum nos ire compellunt Non igitur anime sal9 affectabat mar=
tiris biplacite Sed potius eterna dampnacio iuxta illud Auğ
Signum manifeste dampnacionis est biplacita assequi et a mundo di=
ligi Et iterum mirum est q̆ omnibus in eternum dampnandis des lapides
non surgunt in solacium sed magis in ruinam miru est q̆ omnibus in eternum sal=
uandis des lapides non surgunt in piaculum Repelle ergo a te impacien=
ciam tanq̆ pestem virulentam et assume paciencie scutum fortissimum
quo des inimica cede faciliter superantur et respice xpm pacien=
tissimum et des suos usq̆ ad mortem

Non cum in firmus sentiret se temptari per impaciencia insidere potius q̆ nociua
et impacia quia ipsum igerando et perturbando a deo auertit quia dominus di=
cit Sup̆ q̆ requescet spiritus meus nisi super quietum et humile corde
Secundo consideret q̆ pacia est sollicitudo sue anime q̆ est nociua Vnde pau=
lus pacia est vobis nociua Et dominus None oportuit pati xpm et ita intra=
re gloriam suam Et gregorius Nunq̆ seruatur concordia nisi per pacienciam va=
let Secundo q̆ est utile Vnde dominus In paciencia possidebitis animas vras Et
Gregorius Melioris mentis est aduersa tollerare q̆ bonis operibus insu=
dare Seneca In ferro marties esse possum9 si paciencia in animo ueracit
seruamus Et salomon Melior est pacies viro forti et q̆ dominatur animo suo
expugnatore urbium

Temptacio dyaboli de Auaricia

Quinta temptacio dyaboli est auaricia magis se
culares et carnales infestans que est nimia occu=
pacio tēpaliū atqȝ exterioꝛ. cū uxores et amicos
carnales seu corpales diuicias atqȝ alia q̄ magis ī uita
sua dilexerūt p̄ que dyabulo hoiez maxime uexat ī sine
diēs O miser tu iam reliquēs ōia tēpalia que sollicitu=
dinibͧ et laboribͧ maximis sūt ꞇgregata eciā uxorem
proles et cōsaguineos amicos carissimos et ōia alia hu=
ius mūdi desiderabilia quoꝛ te societati adhuc interesse
ꞇ magnū foret solaciū ipis quoqȝ magni boni occasio.
Hec et similia dyabolͧ bonīn ī extremis de auaricia
p̄mitat ut sic p amore et cupiditate terrenoꝛū auertat
amore dei et propͥa salute. Vnde singulariter notādum
cp̄ maxie caueri debz ne cui cp̄ moꝛiente sui corpales
uxor liberi diuicie et alia tēpalia ad memoria reducāt[r]
nisi ī qntū illud infirmi spiritualis sanitas postulet aut
reqrat qꝝ alias maxie periculosum esset tū sit abhys que
spͧus et salutis sūt qb[ͧ] maxie tūc ōib[ͧ] uiribͧ ī interioribͧ
et exterioribͧ intendendum est reuocaretur ad ista
miseria temporalia et carnalia tūc cum maxīna so=
licitudie a memoria et mēte remouēda ī quibus
certe tunc occupari est ualde periculosum

Bona i̅ spiraco̅ angli. xtra Auaricia̅
c̅ontra ꝗ̅ta̅ teptacio̅z̅ dyaboli dat angel⁹ bona i̅spi
racio̅z̅ dices o homo auerte aures tuas a mortife
ris sugestio̅ib⁹ dyaboli ꝗbʒ te irritare et i̅ fou̅eare co̅
natur Et o̅ia tꝑ̅alia totu̅ ꝑpo̅po̅e quoꝝ memo
ria utiꝗ̅ michil salute̅ c̅ferre potest se magnu̅ i̅pedime̅
tu̅ memor verboꝝ d̅n̅i ad eos qui istis ad h̅ era̅t Nisi ꝗs re
nu̅ciauerit o̅ib⁹ que possidet no̅ potest me⁹ esse discipul⁹ Et
iteru̅ Siꝗs veu̅ ad me et no̅ odit ꝑre̅m suu̅ et m̅re̅ et u̅ro
re et filios et fr̅es et sorores ad huc no̅ potest me⁹ e̅ disci
pul⁹ i̅t̅ ad eos ꝗ istis renu̅ciat dicat Et o̅is ꝗ relinquit
domu̅ uł fr̅es uł sorores aut ꝑre̅s aut m̅re̅ aut uxore̅
aut filios aut agros ꝓꝑt nome̅ meu̅ ce̅tuplu̅ accipiet
et uita̅ eterna̅ possidebit Memeto̅ etia̅ pauꝑtatis xp̅i
meuce̅ ꝑ te pende̅s inte̅ dilectissima̅ et discipulos cariss
imos ꝓꝑt ua̅ salute̅ spontissime reliquetis Co̅sidera etia̅
quot vt viri sti i̅isto ꝓteꝑurez ꝑꝑalu̅ secuti sint eu̅ auditu
ri illud Venite b̅ndicti ꝑr̅is mei possidete regnu̅ ꝑatu̅ vob ab ori
gine mu̅di Imp̅me ergo ista tue me̅ti et o̅ia tristicia̅ ta̅
ꝗ̅ua̅ venenu̅ a te pette̅s repelle̅do cor tuu̅ ad uolu̅tariam
pauꝑtate̅ integre couerte et sic regnu̅ celoz̅ ex ꝑmiss
tibi debetur dice̅te d̅no B̅ti paupes spu̅ ꝗm i̅por est re
gnu̅ celoz̅ teꝗ̅ totu̅ deo ꝗ tibi diuicias c̅feret sempiteꝛas
plena̅ aue c̅mitte totu̅ tua̅ fiduaa̅ in eu̅ fu̅dens ·
No̅ ꝗn infirmus sentit se teptaꝛi ꝑ auaricia̅ seu a̅
more terrenoꝛ ꝓsideret ꝑmo ꝗ amor terrenoꝛu̅
a deo sep̅at qꝛ dei amore̅ seducu̅t teste gregorio ꝗ
ait Tanto quis a superno amore disiu̅gitur ꝗnto
bit inferius in creaturis delectatur Secu̅do c̅side
ret ꝗ uolu̅taria pauꝑtas homine̅ bn̅ficat et ad
celu̅ ducit dice̅te d̅no B̅ti paupes spu̅ ꝗm i̅por est
regnu̅ celoz̅

Retinendas amicias ·

Nonbis auarus

Quid faciam

Temptacio dyaboli de vana gloria

Quarto dyabolus temptat hominem infirmum plus ipsius complacencia que est superbia spiritualis p̄ eo q̄ devotis et religiosis atq̄ perfectius magis est infestus Cum enim homines ad deviandum a fide aut in desperacionem aut ad impaciencam non potest inducere tunc eum agreditur cum proprii ipsius complacencia tales et eum proicit iaculos cogitaciones O quam firmus es in fide et q̄ fortis in spe et q̄ constans paciens es in tua infirmitate o quam multa bona operatus es maxime gloriari debes q̄ non es sicut ceteri qui infirma mala pertransut et solo gemitu ad celestia regna pervenerut igitur regnum celorum tibi iure negari non potest q̄ legitime certasti Accipe ergo coronam tibi paratam et sedem excellenciorem p ceteris optineb p ista et similia dyabolus in factis sic laborat homines inducere ad spirituale superbiam sive ad sui ipsius complacenciam

Pro quo notandum q̄ ista superbia nimium est vitanda primo q̄ per eam homo efficitur similis diablo nam p solam superbiam de angelo factus est dyabolus Secundo q̄ p ipsam homo videtur committere blasphemiam p hoc q̄ bonum q̄ a deo habet ab se p sumit habere Tertio q̄ tanta posset esse sua complacencia q̄ per hanc dampnaretur Unde gregorius Reminiscendo quis bonum gessit dum se apud se erigit apud auctorem humilitatis cadit Et augustinus homo si se iustificaverit et de iusticia se presumpserit cadit

Bona inspiracio angeli contra vanam gloriam

Contra quartam temptacionem dyaboli dat angelus bonam inspiracionem dicens Miser cur tu superbis ascribendo tibi ipsi constanciam in fide spe et paciencia que tamen soli deo ascribenda est cum nichil boni a te habeas dño dicente Sine me nichil potestis facere Et alibi scriptum est Non tibi arroges no te iactes no te insolenter extollas nichil te presumas nichil boni tibi tribuas Et dñs ait qui se exaltat humiliabitur Et iterum Nisi efficiamini sicut paruulus iste non intrabitis in regnum celorum Humilia ergo te et exaltaberis dicente dño Qui se humiliat exaltabitur Et augustinus Si te humilias deus descendit ad te Si te exaltas deus recedet a te Auerte ergo mentem tuam a superbia que luciferum quondam angelorum pulcherrimum fecit dyabolorum deformissimum et de alta celorum preiecit ad inferni profunda que eciam fuit causa omnium peccatorum Unde Bernardus Inicium omnis peccati et causa tocius perdicionis est superbia Ide tolle hoc vicium et sine labore omnia vicia resecantur

Unde singulariter notandum quod quandocumque moriturus sentit se temptari per superbiam debet primo cogitare quod superbia tantum deo displicuit quod sola ipsius occasione nobilissimas creaturas lucifer cum omnibus sibi adherentibus de celis relegauit in eternum dampnando Et sic ex tali consideracione se humiliat atque deprimat sua recogitando peccata quibus ignorat an odio uel amore dignus sit Unde debet precipue capere exemplum a sancto anthonio cui dyabolus dixit O anthoni tu me vicisti cum enim volo te exaltare tu te deprimis cum te volo deprimere tu te erigis Secundo debet cogitare quod humilitas tantum deo placuit quod precipue ipsius occasione gloriosa virgo maria deum concepit et super choros angelorum exaltata est

provideas amicis

Inuenit thesauro

Si agonisãs loqui et usum rõis habere potuerit sũ=
dat õrõnes deũ pmo inuocãdo ut ipm pt effabile
mĩaz suã z vtute passiõis sue suscipe dignet Scõ=
dã diligeter inuoc gloriosaz vgiez maria, p sua media
tie Deinde õees angelos et pncipue angelũ p sua custodia de=
putatũ Deinde apostolos martires cõfessores atqz vgines
specialius tamẽ illos quos ut quas pius sanus i veneraciõ
ne habuit et dilexit quoz ymagies cũ ymagie crucifixi
et beate marie vgis exprimetur. Itẽ dicat ter istũ versũ
Disrupisti dñe uincla mea tibi sacrificabo hostiã laudis
Nam iste versus secundum cassiodorũ tante creditur esse vtu=
tis ut peccata hõim dimittãtur si i fine vere cõfessione
dicatur. Itẽ dicat ter hec uerba ut similia que i suma beato
augustino ascribũtur Pax dñi nri ihũ xpi et vtus passio=
nis eius et signũ sãe crucis et integritas beatissime vginis
marie et bñdictio oĩm sãtoz ac sãtaz custodia angelorum
nec nõ suffragia oĩm electoz sint inter me et oees inimi=
cos meos uisibiles et i uisibiles in hac ora mortis mee amen
Vltimo dicat In manus tuas cõmendo spm meũ Si aũt
Infirmus nõ sciat õraes dñe dicat aliquis de astantibus
alta uoce cora eo oraciões ul historias deuotas in qbus
pridẽ sane delectabatur ipse vero oret corde et desiderio
ut scit et potest Vñ nota ex quo tota salus hõis i fine cõ=
stat sollicite curare debet unusqsqz ut sibi de socio uel ami=
co de uoto fideli et ydoneo puideat ei q in extremis fidelit
asistat ad fidei cõstãciaz paciẽcia deuociõz cõfideciã et psene=
ueõncia ipm in cõta deo animãdo et i agonia oraes de uo=
tus fideliter dicẽdo Sed heu pauca sũt q i morte pxis
suis fideliter asistũt interrogãdo monẽdo z p ipis oran=
do pserti cũ ipi moriẽtes nõ dũ mori uelint et cõe
morienciũ sepe miserabiliter periclitãtur.

www.ingramcontent.com/pod-product-compliance
Lightning Source LLC
Chambersburg PA
CBHW060750280326
41934CB00010B/2427